LEDRU-ROLLIN

Paris. — Typ. de Gaittet rue Gît-le-Cœur, 7.

Carey, del. et sc.

Imp. de Mangeon r. St Jacq. Paris.

LEDRU ROLLIN

Publié par G. HAVARD.

LES CONTEMPORAINS

LEDRU-ROLLIN

PAR

EUGÈNE DE MIRECOURT

PARIS

GUSTAVE HAVARD, ÉDITEUR

19, BOULEVARD DE SÉBASTOPOL

rive gauche

1859

LEDRU-ROLLIN

Hélas! avez-vous conservé le souvenir ?

L'époque est si près de nous encore.

Ont-ils donné la preuve d'une assez triste impuissance? Croyez-vous que l'histoire doive leur accorder un chapitre, une ligne, un mot, qui soient pour eux un éloge, une marque de sympathie, une preuve d'estime ?

Plats ambitieux, pris au dépourvu et portés inopinément au sommet du pouvoir, ils n'ont montré ni énergie, ni ressort, ni talent, ni mérite d'aucun genre.

Nous avons vu de près celui que nous allons mettre en scène, et nous sommes bien certain de ne pas nous tromper dans notre jugement sur sa personne et sur son caractère.

Orateur superbe, M. Ledru-Rollin n'est qu'un esprit médiocre.

Semblable au grotesque et plaisant héros de Cervantès, à qui les livres de chevalerie avaient tourné la tête, l'ex-membre du Provisoire s'est perverti la raison par de mauvaises lectures révolutionnaires.

Il fut le coryphée de ces jacobins posthumes qui, depuis la chute du Comité de salut public, se transmettaient de l'un à l'autre, à travers les âges nouveaux, les doctrines de Robespierre et de Saint-Just.

Ces aimables individus n'avaient rien appris, rien oublié.

Le despotisme monarchique leur imposait bien quelque discrétion.

Mais, derrière la muraille de la vie intime, ils s'en donnaient à cœur joie, tutoyaient tout le monde, écrivaient des lettres anonymes au *traître fils d'Egalité*, prévenaient ses ministres que le couperet ne tarderait pas à fonctionner sur leur nuque criminelle, et dataient toutes ces gentillesses de l'ère républicaine.

Un de nos amis, collectionneur de pièces curieuses, nous met sous les yeux une étrange missive mortuaire, bien capable de démontrer l'étrange perversion d'esprit de ces descendants des terroristes.

Voici la lettre de faire part :

« Citoyen,

» Vous êtes invité au service funèbre du citoyen Pépin (1), décapité par les Thermidoriens, l'an 44 de la République. Ce service aura lieu, samedi prochain, au temple de l'Église française du citoyen Châtel. »

Ambitieux inintelligent, perdu dans ce milieu délétère, Ledru-Rollin se crut de

(1) Complice de Fieschi (1835).

bonne foi une incarnation nouvelle de Danton.

Il se promit naïvement de raviver la grande époque, en jetant à la tête de la France des ossements et des cendres, comme s'il était possible de ressusciter tous ces hideux fantômes qui dorment, mutilés et sanglants, dans l'hypogée de l'histoire.

Porté au pinacle par une bourrasque subite, ce résurrectionniste politique s'imagine que l'heure est venue d'exhumer ces vieilleries et de les imposer derechef à la nation française.

Il procède à sa tentative audacieuse, en s'appuyant sur les colères, les convoitises, les passions des masses aveugles, et en invoquant les Furies de la destruction et de la ruine.

Par bonheur, il n'a pas même les talents d'un chef populaire.

Ce n'est qu'un pygmée auprès des sombres géants de 93. Robespierre et ses complices dirigeaient le peuple d'une main ferme vers le terrible but qu'ils avaient marqué : Ledru-Rollin ne sait absolument que se mettre à la queue d'un parti en armes.

Il se croit de taille à gouverner son pays, et il se laisse gouverner lui-même par le premier venu, fût-ce un Longepied; par la première venue, fût-ce une madame Sand.

Il prend des secrétaires d'État pour

leur dicter des instructions, et c'est lui qui écrit sous leur dictée.

Il n'est point socialiste, et, quand le pays se prononce contre ses tendances et le renverse du pouvoir, il se fait socialiste pour être encore quelque chose.

La destinée de cet homme devait forcément aboutir au ridicule.

Un jour, le flot populaire traverse la rue, et le grand meneur cède aux premiers braillards qui l'acclament.

On l'entraîne ; on le jette dans le guêpier d'une Convention pour rire, et ce dictateur avorté se console avec ce mot qui le peint de pied en cap :

« — Eh! je suis leur chef, il fallait bien les suivre ! »

Le seizième bulletin reçut, ce jour-là, son châtiment.

Disons-le, jamais châtiment ne fut mieux mérité; jamais coupable n'obtint, en le subissant, des marques de compassion plus nulles.

Il n'est pas permis de conduire à l'abîme une grande et noble nation pour réaliser le rêve de quelques cervelles fanatisées, dont la conscience publique repousse avec horreur les épouvantables traditions et les théories sauvages.

Et, quand cette nation, bouleversée profondément par vous, et par vous menacée de la ruine, vous rejette de son sein, les plus miséricordieux, les plus sympathiques aux douleurs du proscrit ne peuvent s'empêcher de dire :

« C'est justice! »

Alexandre-Philippe-Auguste Ledru est né à Paris, le 2 février 1808.

Il est le fils de Paul-Jérôme-Alexandre Ledru; sa mère était la fille d'un menuisier appelé Gay.

Son grand-père paternel, personne ne l'ignore, était le célèbre Comus, le Robert-Houdin de son temps.

De simple prestigiditateur qu'il était, Comus s'éleva tout à coup à l'état de savant. Il renonça, un beau jour, à la physique amusante pour aider Franklin dans ces expériences sur l'électricité, qui conduisirent l'illustre Américain à la découverte du paratonnerre.

Sous Louis XV, notre prestidigitateur enseigna la physique aux enfants de France ; il laissa une fortune considérable à sa famille.

Comus possédait à Fontenay-aux-Roses une fort belle maison de plaisance (1), qu'avait jadis habitée Scarron, le poète cul-de-jatte.

A la naissance de son petit-fils, l'ancien escamoteur vivait encore.

C'était un vieillard jovial, qui n'avait pas oublié ses tours de passe-passe, et son plus grand plaisir était de mystifier les gens.

Le jour du baptême d'Alexandre-Phi-

(1) M. Ledru-Rollin en est encore propriétaire aujourd'hui.

lippe-Auguste, il se chargea de payer tous les honoraires d'église.

Il s'en acquitta vraiment en prince.

Enfants de chœur, bedeau, sonneur, loueuse de chaises reçurent chacun un napoléon, un vrai napoléon de vingt francs, dès le début de la cérémonie.

Vous comprenez leur joie, à l'aspect de cette gratification splendide.

Ils serrent la précieuse pièce, qui dans leur poche, qui dans leur bourse. On revient à la sacristie, et Comus aborde l'un après l'autre les heureux qu'il a faits.

— Je me suis trompé, leur dit-il. Tout à l'heure je voulais vous donner un double napoléon. Le voici; mais rendez-moi les premiers vingt francs.

Nos rats d'église, de plus en plus agréablement surpris, se fouillent, cherchent, se refouillent et cherchent de nouveau.

— Mais, — ô contre-temps fâcheux! abominable coup du sort! — la première pièce a disparu. Ils ne trouvent à sa place qu'un *petit sou à la reine*, monnaie qui, à cette époque, n'avait pas cessé d'avoir cours.

Les victimes de cet admirable escamotage restent confondues, stupéfaites, anéanties.

Comus les voit se regarder bouche béante; le bedeau se tient à quatre pour ne pas laisser échapper quelque énorme juron; le sonneur a des larmes dans les yeux, et la loueuse de chaises pousse le désespoir jusqu'à s'arracher les cheveux à pleines poignées.

Après avoir joui quelque temps de ce burlesque spectacle, Comus leur dit avec un geste de duc et pair :

— Vous ne le retrouvez pas ?... soit. Ne cherchez plus, braves gens ! Voici le double jaunet. Prenez garde qu'on ne vous l'escamote encore.

Les pauvres diables étaient peu rassurés.

Mais l'ancien prestidigitateur ne continua point la plaisanterie.

Le jeune Ledru fit ses études dans une des grandes pensions du collége Charlemagne. Il s'y distingua par une obésité précoce, qui lui valut de ses camarades un sobriquet latin, dont il serait impoli de donner la traduction.

Ils l'avaient surnommé *Bos opimus.*

Cette aménité scolaire ne laissait pas pressentir le tribun à la parole fougueuse, à l'extérieur solennel; mais on reconnaissait déjà le tempérament sanguin et pléthorique de l'homme de loisir et de plaisir.

Ses classes terminées, Alexandre-Philippe-Auguste commença son droit à aFaculté de Paris.

On le reçut licencié, puis docteur, et en 1830, on inscrivit son nom sur le tableau de l'ordre.

Un avocat, portant le nom de Ledru,

s'était déjà fait connaître à Paris. Voulant éviter la confusion et se distinguer de Charles Ledru, notre Barthole en herbe joignit à son nom patronymique le nom de Rollin, qui était celui de sa bisaïeule maternelle.

A cette époque Ledru-Rollin n'arborait pas le moins du monde la bannière républicaine.

Il professait ouvertement les doctrines les plus absolutistes.

Un avoué, du nom de Launoy, l'avait reçu dans son étude en qualité de maître clerc. Quand les ordonnances de juillet parurent, le patron, qui appartenait au parti libéral, s'éleva passionnément contre elles ; mais Alexandre-Philippe-Auguste, royaliste-ultra, comme on disait alors, les soutint avec énergie.

— Laissez donc! disait-il, en reproduisant un mot déjà connu, quatre hommes et un caporal, et l'on va mettre à la raison tous vos révolutionnaires!

— Vous êtes un niais, lui dit maître Launoy. Je vous mets au défi d'arriver à rien, si vous ne faites pas de l'opposition.

Ces paroles donnèrent beaucoup à réfléchir au petit-fils de Comus.

Deux ans plus tard, ses opinions avaient passé du blanc pur au rouge vif.

La terrible insurrection des 5 et 6 juin venait d'éclater dans les rues de la capitale, et la royauté citoyenne prenait sa revanche de la peur que lui avaient faite les combattants de Saint-Merry.

On venait de proclamer l'état de siége. La presse était muselée.

Notre jeune avocat, dans l'esprit duquel avaient porté semence les paroles de maître Launoy, se dit qu'il ne retrouverait pas de sitôt l'occasion de se faire connaître et d'attirer sur lui les regards du public par un scandale.

Il se mit à protester contre la juridiction des conseils de guerre.

Un mémoire signé de lui parut.

Nous ignorons si maître Launoy lu prêta ses idées et son style; mais le factum était de nature à causer effectivement de l'esclandre. Il fut soumis à l'examen de la Cour de cassation, et celle-ci, où dominait alors l'élément carliste, fut heureuse de pouvoir mettre quelques bâtons dans les roues du char gouvernemental.

Un arrêt solennel fit tomber l'état de siége.

Après les événements d'avril 1834, — nouvelle et épouvantable lutte des sociétés secrètes contre le pouvoir, où la branche cadette ne triompha que les pieds dans le sang, — Ledru-Rollin publia un second mémoire plein de virulence, au sujet des massacres de la rue Transnonain.

Ses révélations eurent un retentissement inouï.

Le National et les autres organes du radicalisme portèrent aux nues le courage de notre avocat démocrate.

Quand vint le procès des accusés d'avril, Ledru-Rollin se chargea de la défense de Caussidière. En octobre 1835, il prêta l'appui de sa parole à *la Nouvelle Minerve*, accusée de diffamation envers M. le duc de Broglie, cet illustre fils de la doctrine. Deux ans plus tard, il obtint de la Cour des pairs l'acquittement de Laveaux, prévenu de complicité dans l'attentat de Meunier contre la vie de Louis-Philippe.

En 1838, *le Journal du Peuple* comparaissait devant la cour d'assises, pour avoir publié une adresse démocratique des travailleurs anglais aux travailleurs français.

Ledru décida le jury à prononcer un verdict de non-culpabilité.

Moins de quinze jours après, il remporta un triomphe plus glorieux encore, en sauvant *le Charivari* de l'amende et de la prison.

Ce journal, dans un article qui avait pour titre : *Un petit million, s'il vous plaît*, se moquait du roi des barricades, et signalait au pays cette monomanie de cupidité chronique et cette habitude étrange de mendicité royale, qui portait Louis-Philippe à demander sans cesse à la Chambre des députés quelque dotation pour ses fils.

Tout en consacrant aux frères et amis son talent oratoire, notre avocat s'occupait de sérieux travaux de jurisprudence.

Il ne s'endormait pas sous ses lauriers démocratiques.

Le Journal du Palais, compilation savante, que les juristes les plus distingués consultent journellement, eut Ledru-Rollin pour fondateur ; il attacha aussi son nom au journal judiciaire *le Droit*, dont il fut quelque temps le rédacteur en chef.

Sa trentième année n'était pas encore révolue, quand il obtint des avocats ses confrères une marque de distinction qui témoignait de l'estime de ceux-ci pour son mérite.

On l'élut membre du conseil de l'Ordre.

Mais il n'avait que la renommée d'avocat politique, et ne plaidait pas la moindre cause civile.

Vers cette époque, il acheta cent mille écus une charge d'avocat aux conseils du roi et à la Cour de cassation.

Dès ce moment il eut une clientèle civile., et prit pour secrétaire un jeune homme très versé dans la jurisprudence, M. Jamet.

Ledru-Rollin s'appliquait de plus chaque jour à perfectionner son talent oratoire. Il réussit à lui donner plus de nerf, plus de concision, plus de logique. En même temps il analysait dans ses obscurs détails cette science administrative, dont l'étude est indispensable à l'homme politique.

En 1839, il se présente devant le collége de Saint-Valery et sollicite la députation. Le grand Michel-Odilon-Morin-Barrot le présente aux électeurs et l'appuie de son patronage.

Voici une phrase de la lettre qu'il leur écrivit :

« Je vous recommande M. Ledru-Rollin, dont j'ai pu apprécier le talent et le patriotisme; je vous le recommande, bien que ses opinions politiques soient *beaucoup plus avancées* que les miennes. »

C'était déjà le temps de ces coalitions immorales, qui devaient amener de si magnifiques résultats pour le trône de Juillet. L'ambition des meneurs cherchait à s'appuyer sur tous les éléments hostiles pour renverser le ministère et ramasser quelques portefeuilles au milieu de la débâcle.

Malgré la missive de l'illustre Barrot, Ledru-Rollin échoua dans sa première tentative pour emporter d'assaut le siége législatif.

Il ne jugea pas convenable de se représenter devant le même collége aux élections suivantes, devinant le piége que M. Thiers tendait au parti radical.

Pour mieux vaincre l'agitation, le petit ministre la fomentait avec ce charlatanisme habile qu'on s'est plu de tout temps à lui reconnaître.

Voyant que Ledru-Rollin s'abstenait, la séquelle Barrot jugea la circonstance favorable pour faire élire un des siens.

Elle présenta Léon Faucher.

Le rédacteur en chef du *National*, Armand Marrast, se prêta complaisamment à cette combinaison.

Passe-moi le jalap, je te passerai la rhubarbe.

Si vous en doutez, en voici la preuve.

« Je vous écris la présente (1) pour vous dire que Léon Faucher veut tenter

(1) Cette lettre curieuse d'Armand Marrast a été publiée par Napoléon Gallois.

l'aventure à Saint-Valery. C'est un collége que vous avez inventé. Faucher voudrait savoir qui il faut voir, à qui il faut écrire pour obtenir la majorité. Si vous ne pouvez nous donner dix minutes, soyez assez obligeant pour m'écrire une petite note sur ce que Léon Faucher doit faire, un memento de quelques lignes qui lui servira... j'allais dire de guide-âne, mais le respect pour la presse me retient. Aidez-nous donc, mon cher représentant futur, et nous vous tresserons des couronnes. Il n'y a pas un moment à perdre devant les comités. Faucher répète : « Il n'y a pas un moment à perdre! » et moi je vous demande de perdre un moment avec nous le plus tôt possible, afin d'épargner le temps. Une audience ou un mot, je vous prie, et suis bien tout à vous.

« Armand Marrast. »

Il est inutile d'apprendre aux lecteurs que la suscription de cette lettre porte le nom de Ledru-Rollin.

Garnier-Pagès, le coryphée de l'opposition républicaine à la Chambre, mourut en 1841.

Notre héros convoita sa succession parlementaire.

Le deuxième collége de la Sarthe était, en quelque sorte, une île républicaine au milieu de la France monarchique. De ce collége, et à dater de la Restauration (c'est-à-dire sans compter Carnot et Siéyès), étaient sortis, comme représentants du radicalisme pur, Benjamin Constant, Lafayette, Picot-Désormeaux, Cormenin et Garnier-Pagès.

Tous ces grands hommes avaient reçu le mandat des électeurs du Mans.

Aujourd'hui, la haute réputation démocratique dont jouissait cette ville s'est fondue dans le suffrage universel.

Heureusement pour nous, elle ne conserve plus que la renommée des chapons.

Le rédacteur en chef du *National* oublia qu'il avait promis à Ledru-Rollin de lui tresser des couronnes, et ne lui offrit point son concours, jugeant plus sage de faire de l'hérédité législative en ligne collatérale. Il mit en avant la candidature de Garnier-Pagès jeune.

Mais tout le monde ne fut point de cet avis. D'autres journaux républicains présentèrent d'autres candidats.

A cette époque, la rédaction du *Journal du Peuple* se réunissait tous les soirs au café de Mulhouse, rue Montmartre.

La démocratie et l'estaminet ont toujours fait bon ménage.

Plusieurs électeurs républicains de la Sarthe accoururent tout exprès pour s'entendre avec les frères et amis de la capitale. Ils vinrent au café Mulhouse, et l'on organisa bien vite, à leur demande, une réunion préparatoire, à laquelle assistèrent Baune, Caussidière et Félix Avril.

Un des membres de cette réunion proposa d'abord pour candidat M. Pance, ex-agréé au tribunal de commerce, lequel se trouvait justement là, fumant sa pipe et buvant une canette.

M. Pance qui, depuis, fut préfet réactionnaire du Mans, s'engagea de la façon la plus expresse, au cas où il obtiendrait la majorité des suffrages, à interpeller continuellement les ministres sur ces fameuses lettres que le journal *la France* venait de publier comme étant de Louis-Philippe, et où se trouvait cette phrase imprudente :

« Je ne renonce pas à l'espoir de maîtriser Paris et ses aimables faubourgs. »

Il ajoutait que, si les ministres essayaient de renouveler la scène de Manuel et voulaient l'arracher de la tribune, il aurait sur lui deux pistolets pour faire sauter le crâne aux gendarmes qui oseraient l'empoigner.

Ces promesses étaient fort alléchantes.

Mais Caussidière, ancien accusé du procès d'avril, se souvenait de son défenseur. Il prononça devant les Sarthois le nom de Ledru-Rollin. Ceux-ci allèrent aussitôt rendre visite au petit-fils de Comus, qui accepta la candidature.

Il fut chaudement appuyé par M. Trouvé-Chauvel, alors maire du Mans et, depuis, préfet de police.

Donc, malgré les efforts du *National*, malgré plusieurs voyages successifs de

MM. Duclerc, Pagnerre, Thomas et Dornès, qui, en désespoir de cause, avaient été proposer Michel (de Bourges) aux électeurs de la Sarthe, Ledru-Rollin fut élu, le 25 juillet 1841, à une majorité de cent vingt-trois voix sur cent vingt-sept votants.

La profession de foi qu'il publia pour la circonstance causa grande esclandre.

« Que serait le suffrage universel, disait l'illustre candidat, s'il n'aboutissait qu'à une transformation du régime représentatif? un vain mot, un changement de gouvernement et d'état-major! Le pays exige davantage. De redoutables questions ont été posées et veulent être résolues ; de grandes souffrances se sont révélées, et demandent satisfaction. Pour nous, le peuple c'est tout. Il ne suffit pas de lui accorder des droits de suffrage. Ce qu'il faut, c'est faire disparaître de notre société les misères qui la rongent, les inégalités qui la déshonorent. Et les tendances qui distinguent le parti démocratique des autres partis, c'est qu'il veut passer par la question politique pour arriver aux transformations sociales. »

La Cour d'Angers incrimina ces paroles de l'orateur.

M. Ledru-Rollin, qui avait prononcé le discours, et le journaliste qui l'avait publié furent prévenus l'un et l'autre de provocation à la désobéissance aux lois, d'attaques contre le principe et la forme du pouvoir établi par la Charte de 1830, d'attaques contre les droits et l'autorité des Chambres, et enfin d'excitation à la haine et au mépris du gouvernement du roi.

Craignant que le jury de la Sarthe n'acquittât M. Ledru-Rollin, le procureur général requit de la Cour de cassation le renvoi du prévenu devant la Cour d'assises d'Angers, pour cause de suspicion légitime.

Les juges suprêmes autorisèrent ce renvoi, malgré l'entraînante plaidoirie de Me Ledru, qui voulut défendre sa cause, et, le 23 novembre 1841, le député de la Sarthe comparut devant la Cour d'assises d'Angers.

MM. Odilon Barrot, François Arago, Berryer et Marie l'assistèrent dans ce procès, où les droits de la souveraineté électorale leur semblaient menacés.

Une foule immense assistait aux débats.

Il y avait huit chefs d'accusation. Le jury d'Angers rendit un verdict de non-culpabilité sur quatre de ces points, et de culpabilité sur les quatre autres. On condamna Ledru-Rollin, non pour avoir prononcé son discours devant les électeurs, puisque le discours n'était pas déclaré coupable dans la bouche d'un membre du corps législatif; mais pour en avoir autorisé la publication dans *le Courrier de la Sarthe.*

La peine de trois mois d'emprisonnement et de cinq mille francs d'amende fut prononcée contre M. Ledru.

Un vice de forme arriva fort à propos et fit annuler par la Cour de cassation l'arrêt de la cour d'Angers. Cette décision nouvelle eut pour résultat définitif d'exempter le tribun de la prison et de l'amende.

A l'ouverture des Chambres, on eut bien un instant le projet d'écarter le nouveau représentant comme indigne; mais la peur du scandale retint le pouvoir, et Ledru fut admis sans trop d'opposition.

Les enfants perdus de la horde démocratique, c'est-à-dire les forcenés qui faisaient feu avant l'ordre, ou les misérables qui recouraient au meurtre pour se défaire du roi, trouvaient Ledru-Rollin constamment prêt à les défendre.

Ce fut lui qui se chargea de plaider devant la Cour des pairs pour le fameux Dupoty, prévenu de complicité morale dans l'attentat de Quénisset.

Le 10 mars 1842, Ledru-Rollin débute pour la première fois à la tribune en flagellant M. Guizot.

— Voici, lui dit-il, ce que vous avez écrit, avant d'être ministre, sur le parti contre-révolutionnaire, dont vous êtes aujourd'hui le chef :

« Ce parti profite de tous les avantages que lui donnent les excès populaires. Il loue et rallie les penchants honnêtes, les besoins réguliers ; il exploite les idées d'ordre, de morale et de religion ; mais elles ne sont pour lui que des forces de circonstance, de nécessité, de situation.

Rendu bientôt à sa vraie nature, il les dédaigne, les méconnaît et les outrage sans cesser de les invoquer, et offre ainsi ce mélange de dépravation et d'hypocrisie, le plus fatal des exemples, comme le plus honteux des jougs. »

Ne trouvez-vous pas admirable ce portrait de Guizot tracé par lui-même?

Tous ces grands niais solennels de la doctrine avaient quelque peu pataugé dans l'ornière démocratique, et l'on y ramassait facilement des verges pour les fouetter.

Réélu par le même collége, à la session suivante, Ledru-Rollin prit la parole à la séance où se discutèrent les pouvoirs et combattit l'élection de M. Emile de Girardin.

Il prétendit que le mandat du rédacteur en chef de la *Presse* devait être déclaré nul, parce qu'il l'avait obtenu sous un nom qui n'était pas le sien.

Vous savez qu'Emile est excessivement rancunier de sa nature : il eut soin, après Février, de couvrir le membre du gouvernement provisoire de son fiel et de ses articles.

En 1843, l'honneur de porter les premiers coups à la loi de régence échoit tout naturellement à Ledru-Rollin.

Appelant à son secours la dialectique radicale la plus serrée et la plus nerveuse, il démontre que cette loi, purement constitutive, doit être faite par un pouvoir constituant, et soumise ensuite à la sanction du peuple.

Cette audacieuse harangue soulève les tempêtes du centre ; mais l'orateur domine le tumulte par son accent fougueux :

« Au nom du peuple, crie-t-il, je proteste contre votre loi, qui n'est qu'une insolente usurpation ! »

Sa renommée parlementaire est au comble.

Riche, doué de remarquables avantages extérieurs, âgé de trente-cinq ans à peine, il songe à se marier, et demande la main de mademoiselle Delille, fille du célèbre négociant de la rue de Choiseul.

On lui répond par la phrase d'usage :

— Monsieur, votre demande nous honore infiniment ; mais...

— Ah ! il y a un mais ? dit le représentant radical.

— Oui. Vous êtes républicain, et nous vendons des soieries de luxe. Vos opinions ne cadrent pas avec nos intérêts. Cette alliance effaroucherait notre clientèle.

— Vous ne savez pas ce que vous refusez, repartit M. Ledru. Je suis ambitieux, et, sous la République, je serai premier consul.

Être premier consul ! c'était alors la marotte d'un millier de démocrates, sans compter l'illustre citoyen Bocage.

Nous ne continuerons pas à suivre le député du Mans dans l'arène politique. Il était à peu près le seul membre de la gauche qui tînt haut et ferme le drapeau de la démocratie.

Odilon Barrot lui reprochait amèrement de marcher tout seul dans cette route:

— Il veut jouer au général, disait-il, et n'a pas même un soldat derrière lui!

Matériellement, le mot pouvait être juste.

Aveuglé et dépourvu de flair, le chef de la gauche dynastique ne voyait pas et ne sentait pas la formidable phalange qui combattait avec son collègue et qui écrivait comme devise sur son étendard: « Haine des classes riches, satisfaction des instincts cupides. »

L'heure venue, l'homme que cet excellent M. Barrot accusait de marcher seul, n'eut qu'à frapper le sol du pied pour en faire sortir des légions de prolétaires et de combattants en guenilles, prêts à se ruer contre la société sans défense.

Toujours sur la brèche, Ledru-Rollin portait chaque jour au ministère et à la dynastie elle-même de nouveaux coups, dont le 24 février révéla tardivement la puissance.

En attendant, il ne se mariait pas.

Soudain, — ô prodige! car, sur cette noble terre de France, les femmes ont assez généralement la République en haine, — une belle et riche héritière fut séduite par les idées démocratiques du successeur de Garnier-Pagès. L'éloquence avec laquelle il les exprimait en face des hommes du pouvoir excita dans le cœur de la jeune personne des élans sympathiques.

Elle devint amoureuse du député sans rien connaître de lui que son nom et ses discours.

Des amis communs organisèrent une entrevue.

La première rencontre entre la demoiselle et l'illustre tribun eut lieu au Musée pendant l'Exposition des peintres vivants.

Un coup d'œil rapide fut échangé de part et d'autre; aucune parole ne fut prononcée, et, moins de six semaines après, la romanesque jeune fille s'appelait madame Ledru.

On a dit qu'elle était Anglaise, c'est une erreur.

Elle est fille d'un Français et d'une Anglaise.

Jusqu'à l'âge de quatorze ans, elle fut élevée à Londres, dans la religion protestante, que son mari, peu catholique d'humeur et de principes, n'a pas jugé à propos de lui faire abjurer.

La future n'avait déclaré d'abord que vingt mille livres de rentes; mais, — ô surprise agréable!—il s'en trouva trente-cinq à la signature du contrat.

Messieurs les démocrates ne sont point insensibles aux caresses de dame Fortune. Ils ouvrent volontiers les deux mains pour recevoir les dons de Plutus.

On célébra le mariage, le 6 mai 1843,

à la chapelle de la Chambre des députés.

Les témoins de M. Ledru furent Lamartine et François Arago.

Sur les entrefaites, le citoyen Flocon fonda le journal *la Réforme*, organe des culotteurs de pipes.

Depuis l'échec de la candidature de Garnier-Pagès jeune, au Mans, *le National* ne pardonnait pas à maître Ledru. Il cédait à une antipathie qu'on peut appeler d'intuition. Les rédacteurs devinaient qu'à la naissance de la République ce tribun gourmand croquerait les meilleures dragées du baptême.

Armand Marrast et notre député devinrent chaque jour de plus en plus ennemis.

S'ils eussent été bretteurs l'un et l'autre, ils auraient eu mille fois l'occasion de tirer l'épée; mais ils se bornaient prudemment à une dépréciation mutuelle et à des calomnies réciproques.

La Providence a toujours voulu que ces héros du mensonge social et du bouleversement systématique se dévorassent entre eux.

Pendant qu'ils se mordent, pendant qu'ils se couvrent de bave, la société se sauve, et la proie leur échappe.

On comprend que Ledru-Rollin, ennemi de la feuille de la rue Lepelletier, consacra toute son influence et tous ses efforts à assurer le succès d'une boutique rivale.

Il ne marchanda pas *la Réforme* et se fit son banquier.

Tout naturellement le nouveau journal n'imita pas l'exemple des autres rédactions, assez perfides ou assez dépourvues de goût pour laisser sous le boisseau les harangues de notre orateur. *La Réforme* les rapportait *in extenso*, les commentait, les paraphrasait tout au long et les mettait bien au-dessus de celles de Démosthènes et de Robespierre.

Mais chaque coup d'encensoir était une traite tirée sur le chef du parti.

Ledru-Rollin, d'autre part, avait des mœurs fort dispendieuses. Bel homme, beau parleur et lovelace en diable, il ai mait les fins dîners, les chevaux, le théâtre et surtout les coulisses.

Grâce à sa vanité folle, il se trouva constamment à la merci des flatteurs subalternes; il ne savait rien refuser à ceux qui savaient le prendre par ses côtés faibles.

Ce grand et gros homme, à la figure rose et grasse, au profil bourbonnien, prenait des poses à la Canning. Sa redingote était soigneusement boutonnée jusqu'en haut, et sa main droite s'y trouvait engagée, dans l'attitude favorite des grands orateurs. Il portait la tête en arrière, et ne variait jamais son costume, afin de mieux ressembler à l'incorruptible Maximilien.

Pour le dépouiller de son dernier centime, il suffisait de l'appeler Mirabeau ou Danton.

La besoigneuse *Réforme* exploitait sa faiblesse et s'appliquait consciencieusement à le ruiner. Sa fortune patrimoniale et une partie de celle de madame Ledru disparurent bientôt dans ce gouffre.

Il vendit, avec une perte de quatre-vingt-mille francs, sa charge d'avocat à la Cour de cassation.

Quand il prononça son dernier plaidoyer devant les juges suprêmes, il leur adressa les adieux d'usage, en avocat bien appris qui veut s'attirer quelques éloges.

Mais le président ne daigna pas lui répondre, et tira de son pupitre un arrêt parfaitement étranger à la question, dont il se prit aussitôt à faire lecture.

Jugez de la colère de l'orgueilleux tribun, qui aspirait à gouverner la France !

Tout cela se passait quelques mois avant la révolution de Février.

Nous avons omis de dire que, le 31 juillet 1846, le deuxième collége de la Sarthe avait continué à maître Ledru son mandat législatif, malgré la coalition des conservateurs et des légitimistes, qui lui opposaient un des plus riches propriétaires du département, M. le marquis de Nicolay.

Vainqueur au scrutin, notre héros remercia ses mandants par une chaleureuse allocution, dans laquelle il les exhortait à arborer le drapeau de la réforme.

Il est bon de constater que c'est à maître Ledru qu'on doit l'initiative du mouvement réformiste, que suivirent, comme de francs bestiaux de Panurge, messire Odilon et consorts.

Les malheureux ne devinaient point, au delà du fossé, le casse-cou républicain.

Dans les derniers mois de 1847, la position du parti démocratique se dessine d'une façon très vigoureuse au célèbre banquet de Lille.

Obéissant tout à la fois à des idées révolutionnaires et dynastiques, Michel-Odilon-Morin-Barrot veut y porter d'une manière indirecte la santé de la monarchie ; mais le tribun radical empêche ce toast, et le chef de la gauche quitte la table, en faisant un éclat qui tourne contre lui.

Les événements se précipitent.

A la veille du triomphe, nos républicains se dévorent avec un surcroît d'acharnement.

Flocon et Ribeyrolles, rédacteurs de *la Réforme*, accusent *le National* de trahison, parce qu'il a soutenu les fortifications de Paris. D'autre part, Armand Marrast reproche à Ledru-Rollin ses dettes et ricane sur ses airs de capitan.

La prose de ces bons démocrates était superbe à lire.

Cependant maître Ledru, si audacieux en paroles, se montrait fort circonspect dans l'action.

Si Caussidière, son ancien client, qui joignait alors au courtage des vins la propagande de la famélique *Réforme*, ou quelques autres conspirateurs venaient le supplier de se mettre à leur tête pour renverser le pouvoir, ils recevaient de lui froid accueil.

Pour comble de malheur, la caisse du journal était à sec.

Ayant essayé de relever sa fortune dans une spéculation de terrains, maître Ledru n'avait fait qu'accélérer sa ruine. Il n'était plus en position d'entretenir *la Réforme*, qui lui coûtait déjà, pour le moins, trois cent mille francs pour l'impression de ses discours : il y avait là tant de républicains à nourrir !

Par quel procédé sortir d'embarras ?

Caussidière bat de nouveau le rappel de la monnaie par toute la France. Il se présente chez les démocrates naïfs, et leur tient à peu près ce langage :

« Adressé à vous par les plus HONORABLES républicains de la capitale, je viens vous annoncer que le salut de la démocratie est menacé dans l'existence du journal *la Réforme*. Tous les bons citoyens lui ont fait leur offrande ; il ne reste plus que votre souscription à recueillir. Vous avez vingt-cinq mille francs de rentes, et vous ne voudrez pas, faute d'une misérable somme, empêcher le bonheur du peuple, la grandeur du pays et le triomphe de la vertu. Nous avons un gouvernement tout préparé, et nous mettrons à sa tête Ledru-Rollin, le plus vertueux des patriotes. »

Un compère était là pour dire *amen*.

C'est l'usage dans toutes les comédies de ce genre, et le Lyonnais Caussidière (on sait qu'un Lyonnais vaut deux Gênois et un Gênois deux juifs), entr'ouvrait sa chemise pour montrer les cicatrices des blessures reçues à la Croix-Rousse.

Les frères et amis, à ce spectacle, versaient des larmes d'attendrissement, et le propagandiste leur présentait soit un coupon d'action, soit une quittance qu'ils acceptaient, contre espèces, avec une émotion profonde.

Ainsi vivotait *la Réforme*, avec douze ou quinze cents abonnés tout au plus, quand survint la révolution de Février.

Maître Ledru n'avait eu garde de faire le coup de fusil comme un simple faubourien.

Plus sage et suivant l'exemple de Sosie, il alla prendre dans un des premiers restaurants de la rue Richelieu *du courage pour nos gens qui se battaient.*

Tout à coup on lui annonce que les députés se rassemblent, et qu'ils vont renouveler, en faveur du comte de Paris, l'escamotage de 1830.

Il boit un dernier verre de champagne

et court à *la Réforme*, où il rencontre Caussidière.

— Savez-vous, lui dit-il, qu'on veut reconstituer la royauté? J'apprends à l'instant même qu'ils se disposent là-bas à proclamer une loi de régence.

— Ah! croyez-vous? répond flegmatiquement le colosse : eh bien! je vais leur envoyer vingt mille hommes! Allez de ce pas à la Chambre; ma bande y sera aussitôt que vous.

Ledru-Rollin ne perd pas une minute et rejoint ses collègues qui délibèrent entre l'épouvante et l'incertitude.

« Au nom du peuple partout en armes, s'écrie-t-il, en montrant l'émeute qui envahissait déjà les parties supérieures de l'hémicycle; au nom du peuple maître de Paris, quoi qu'on fasse, je proteste contre le gouvernement que vous voulez établir! En 1842, lors de la discussion de la loi sur la régence, seul dans cette enceinte j'ai déclaré qu'une pareille loi ne pouvait être faite sans un appel au pays. Depuis deux jours, NOUS NOUS BATTONS pour ce droit! Si vous résistez; si vous prétendez qu'un gouvernement par acclamation, un gouvernement éphémère que le premier souffle peut détruire, existe, NOUS NOUS BATTRONS encore au nom de la constitution de 1791 qui plane sur l'histoire. Pas de régence possible d'une façon usurpatrice. Je proteste au nom du peuple contre cette usurpation! »

Cela dit, le tribun prend avec lui cinquante hommes armés de sabres et de carabines, se dirige sur le ministère de l'intérieur, et s'en empare à toute aventure.

La besogne faite, un hideux chiffonnier, qui traînait un grand sabre de cavalerie, se prit à dire :

— Ah ! çà ! nous avons faim, et surtout nous avons soif !

Maître Ledru mande aussitôt M. Ducaurroy, l'intendant du matériel.

— Il faut servir un repas à tous ces braves, lui dit-il. Où est le cuisinier de l'ex-ministre ?

— Je l'ignore, répond M. Ducaurroy.

— Cherchez-le !

Mais le cuisinier ne se trouve pas. Il a disparu dans la bagarre. Sans doute il prend à cœur la chute du trône, et ne veut pas allumer ses fourneaux pour des républicains.

Heureusement on rencontre le cuisinier de M. Passy.

Ce second Vatel, indifférent en matière gouvernementale, ressemblait au berger de Macédoine, qui ne savait pas si Alexandre avait remplacé Philippe.

— Nous feras-tu bonne chère? lui demande M. Ledru.

— Oui, si vous me donnez bien de l'argent, répond cet autre Maître Jacques.

Le nouveau ministre se fouille. Il avait oublié sa bourse.

— Comment faisait Duchâtel? dit-il à l'intendant.

— Monsieur Duchâtel payait son dîner.

— Diable! Qu'on m'amène le caissier des fonds secrets, alors.

— Il est en fuite.

— Et le directeur de la comptabilité?

— En fuite ausi.

— Corbleu! je ne puis cependant pas laisser mourir de faim tous mes hommes! dit maître Ledru, fort impatienté de ces obstacles.

Il avise dans le jardin une volière pleine de faisans dorés et une serre où se trouvent beaucoup d'ananas, d'un aspect très flatteur au coup d'œil.

— Voici le dîner ! s'écrie-t-il. Chef, servez des faisans à la purée d'ananas, et visitez les caves de Duchâtel ! Bien certainement elles ne sont pas vides.

Ainsi s'organisa le premier banquet des gardes-du-corps de maître Ledru.

On sait comment il devint le membre le plus influent du Provisoire.

Sous la pression populaire à laquelle il soumit ses collègues, ceux-ci durent achever de briser le trône, et le fameux billet de Garnier-Pagès à Léon de Malleville prouve suffisamment que la violence s'érigeait en système.

Voici le billet :

« *Mon bon, les fous que vous savez veulent proclamer la République.* »

Aujourd'hui, tous les témoignages sont acquis à l'histoire : il est avéré que Ledru-Rollin ne pouvait être et ne fut qu'un dictateur ignoble et ridicule.

Il travaillait uniquement pour ses intérêts en février, et ne songeait point aux intérêts de la France.

Le jugement de séparation de biens réclamé par sa femme fut rendu presque aussitôt après la révolution.

Quinze jours auparavant, dans une assemblée préparatoire à l'émeute, quelqu'un fit observer qu'il était trop tôt peut-être et qu'il restait beaucoup de mesures à prendre.

Alors cette exclamation naïve s'échappa de la bouche de l'un des conspirateurs :

« Mais Ledru-Rollin est pressé! »

O Cicéron, ô Tacite, ô Corneille, que vous avez admirablement dépeint tous ces héros de l'agitation populaire!

Comme nous l'avons dit plus haut, maître Ledru avait la tête farcie d'épisodes de 93.

Il s'imaginait pouvoir impunément faire rétrograder la France et la reporter au dix-huitième siècle. On l'entendit, le 25 février, manifester, à vingt reprises différentes, son étonnement de ce que la foule n'allait pas briser les presses royalistes, comme elle le fit au 10 août 1792.

Par suite de son burlesque système

d'archaïsme politique; il institua cette fête du Champ-de-Mars, où l'on promena des jeunes filles vêtues de blanc, sur des chariots traînés par des bœufs aux cornes dorées.

Risum teneatis, amici !

La France gardera longtemps le souvenir des commissaires et des sous-commissaires à quarante francs par jour, que maître Ledru avait chargés de la républicaniser.

Ces nobles personnages, recrutés dans les bas-fonds de la démagogie parisienne, comptaient parmi eux des voleurs de grands chemins et des forçats libérés.

Dans le nombre, il y eut même un petit assassin, sous ce pseudonyme d'opéra-comique : Riancourt (1).

Et les célèbres bulletins rédigés par un bas-bleu hystérique et par un avocat maladroit, pensez-vous que nous puissions les oublier de sitôt?

Les doctrines subversives que prêchaient hautement ces publications insensées effrayèrent à bon droit les instincts conservateurs et firent prendre en dégoût ce gouvernement de singes qui s'appliquait à imiter en tout les hommes de la première révolution.

(1) Martin, dit Riancourt, sous-commissaire au Havre, ancien forçat accusé de meurtre sur la personne d'un de ses camarades du bagne, qui l'avait dépisté après Février.

Maître Ledru, comme tous ses confrères du Provisoire, traitait la France en pays conquis.

Il poussa l'impudeur et l'absence de vergogne jusqu'à élever ses domestiques au rang de fonctionnaires...

M. Leroux, mari de la femme de chambre de madame Ledru, fut nommé sous-chef du matériel à l'intérieur.

Or, aux termes des ordonnances administratives publiées sous le gouvernement corrompu qui venait de tomber, ce poste ne s'obtenait qu'au bout de dix années de service et sur la présentation du diplôme de bachelier ès-lettres.

La littérature du nouveau fonctionnaire

se trahit, dès le début, par des écarts d'orthographe homériques.

Ayant à dresser un état de fournitures de bureau, notre sous-chef du matériel écrivit en-tête :

« CATRES ANCRIÉS. »

Tous les garçons de bureau lui riaient à la barbe.

Il n'en continua pas moins à écrire les phrases comme il les prononçait, — et à manger à l'office avec madame son épouse.

Comme Louis XV, maître Ledru aimait à s'entourer de familiers, de plats valets, de dévouements serviles, d'obscurs satellites, au milieu desquels rayonnait tout à l'aise l'étoile de son orgueil.

Tous ceux de ses courtisans qui savaient lire et écrire furent décorés du titre de secrétaire.

Ceux qui possédaient le calcul furent mis à la caisse des fonds secrets.

Enfin, ceux qui étaient complétement sans éducation, furent métamorphosés en estafettes, avec deux cents francs par mois d'honoraires. Ces derniers composèrent même le noyau de cette promotion de gardes mobiles à cheval, que M. Recurt se trouva si embarrassé d'expliquer à la tribune.

Un marchand de vins de Bercy se présente, un jour, en garde national, au ministère de l'intérieur.

Il a mission de réclamer, au nom de M. Duchâtel, le vin resté dans les caves après le 24 février.

Ce vin était la propriété particulière de l'ex-ministre.

Notre homme tombe au beau milieu des aides de camp de M. Ledru, et les trouve occupés à sabler le champagne, après un déjeuner succulent.

La réclamation fait naître parmi les convives un hourrah terrible.

Voyant que la menace n'intimide point le messager, ils changent de tactique et le turlupinent de la façon la plus agréable.

De tous côtés pleuvent des exclamations dictées par cet esprit de bon aloi qui caractérise le démocrate pur.

« — Ah! ah! le vin de Duchâtel!

» — Tu te fourres le doigt dans l'œil, mon vieux!

» — Les caves de ton ex-ministre sont devenues les caves du peuple!

» — Possession vaut titre!

» — Son vin, par exemple!

» — Annonce-lui que nous l'avons mis en bouteilles!

» — Vous vous trompez, c'est en cruches qu'il faudra dire! » riposta le garde national de Bercy, s'esquivant après avoir décoché cette flèche de Parthe.

Homme irrésolu par excellence, Ledru-Rollin se laissait tirailler de droite et de gauche par les opinions les plus contraires, cédant à l'une, cédant à l'autre, et regardant l'ennemi de la veille comme l'ami du lendemain.

Il est avéré qu'il prêta l'oreille aux ouvertures de Blanqui pour étouffer la partie saine du gouvernement provisoire.

Mais, faisant presque aussitôt volte-face, il obéit à l'influence de M. Carlier, et donna l'ordre de battre le rappel, dans la journée du 16 avril.

Aussi Blanqui ne lui pardonne pas, et, toutes les fois que l'occasion s'en présente, il s'exprime en termes peu flatteurs sur la conduite de l'illustre tribun.

L'année dernière, il écrivait à l'un de ses amis :

« C'est pourtant ce crétin-là qui a tué la République ! »

Entre nous, la malheureuse aurait eu grand'peine à vivre avec de semblables pères nourriciers, qu'ils se nomment Paul ou Jacques, Blanqui ou Ledru-Rollin.

Du reste, la réaction ne sut aucun gré au superbe ami de la citoyenne Sand de ses velléités tardives de repentance.

On lit dans *le Constitutionnel* du 26 avril 1848 :

« NOUVELLES DE LA COUR.

». Il y a eu hier déjeûner au Petit-Trianon. M. Ledru-Rollin faisait les honneurs. Il y a eu aussi chasse à Chantilly. On a couru le cerf et fait des battues dans le parc d'Apremont. »

Le lendemain, le citoyen ministre de l'intérieur démentit la nouvelle, affirmant que, « depuis le 24 février, il travaillait vingt heures par jour, » tout juste autant que Napoléon ! Il ajoutait : « Ce n'est pas faute d'avoir assez veillé, si je n'ai pas fait au peuple tout le bien que je voulais lui faire. »

Ne serait-ce pas, monsieur, parce que vous n'avez point assez dormi ?

Bref, le noble auteur des Bulletins terminait son panégyrique avec une modestie charmante, par cette citation empruntée à Jean-Paul :

« Ce sont les meilleurs fruits que les moucherons et les guêpes poursuivent avec fureur de leurs morsures. »

En attendant, les révélations du journalisme allaient leur train.

L'un imprimait que Son Excellence maître Ledru s'était attribué les six plus belles paires de chevaux de Louis-Philippe.

Un autre racontait que le fougueux citoyen avait été rencontré, la veille, dans l'allée de Madrid, au bois de Boulogne, monté sur un magnifique alezan moreau, et suivi de la citoyenne Judith de la Comédie-Française, dans son petit coupé.

Ailleurs, on rapportait que le puissant ministre, invité par l'état-major de la garde nationale à un banquet patriotique, s'était excusé en disant qu'il ne dînait jamais qu'en compagnie des officiers de sa maison.

— Palsambleu! s'écriait-on en chœur, la belle chose que la république démocratique!

Cependant, Ledru-Rollin venait d'être envoyé à l'Assemblée constituante par les départements de la Seine, de Saône-et-Loire et par l'Algérie.

Mais il craignait de ne point être nommé de la Commission exécutive.

Or, comme il était censé avoir sauvé Lamartine, au 16 avril, on résolut d'exploiter la reconnaissance du poète, et madame Sand travailla l'auteur des *Girondins* pendant trois jours et trois nuits pour qu'il décidât les constituants à lui adjoindre Ledru-Rollin comme collègue.

L'illustre paratonnerre (on n'a pas oublié qu'il se vantait d'avoir conspiré avec les rouges, comme le paratonnerre avec la foudre), daigna parler en faveur de maître Ledru.

Il obtint d'emblée la précieuse nomination.

Renversé du pouvoir à la suite des journées de juin, le héros de ce livre, qui avait professé jusque-là des doctrines antisocialistes, se jeta, tête baissée dans le mouvement communiste extrême, c'est-à-dire dans l'exagération du socialisme la plus folle et la plus subversive.

Hélas ! vous souvient-il des comptes du Provisoire ?

Le chapitre de maître Ledru fut bien lourd.

Sur les registres qu'il présentait à la Chambre, il fallut additionner, non par mille francs, mais par millions.

Il était le général en chef des oiseaux de proie, dont la volée entière avait été lancée sur la France, à raison de quarante francs par jour.

Ce qu'il y avait de plus remarquable dans ces jolis comptes, c'était le caractère mystérieux sous lequel nos démocrates abritaient leurs dépenses.

A les entendre, on devait tout savoir, en république ; chaque détail du budget devait être justifié ; les contribuables allaient enfin connaître l'emploi de chaque centime.

Vaines promesses!

— Qu'avez-vous fait de ces cinquante mille francs? demandait-on à nos illustres.

— Dépenses secrètes.

— Ah!... Et que sont devenus ces deux cent mille?

— Toujours dépenses secrètes.

— Oh! oh!... Mais ces cent soixante-dix-sept mille ?

— Dépenses de plus en plus secrètes.

Si l'on insistait pour avoir le mot de l'énigme, ces messieurs répondaient :

— Police.

— Mais pourquoi cette police ?

— Pour surveiller nos confrères. (Textuel.)

Ainsi M. Marrast espionnait maître Ledru, qui espionnait Caussidière, qui espionnait Sobrier, qui espionnait Barbès, qui espionnait Blanqui, etc., etc.

Délicieuse entente cordiale!

Aimable confiance républicaine!

Parti probe, généreux, désintéressé!

La France est bien ingrate de s'opposer au retour de tant d'honnêtes gens!

Maître Ledru n'obtint que *trois cent soixante-dix mille cent dix-neuf* suffrages pour la présidence de la république. Il s'en consola de son mieux, en allant banqueter au Chalet, à la salle Martel, à Châteauroux et à Moulins, où des bourgeois furieux voulurent l'assommer.

Certes, la conduite de la garde nationale de cette ville est blâmable, nous ne lui chercherons point d'excuse.

L'horreur des doctrines rouges ne saurait légitimer l'assassinat de ceux qui les professent. Mais il est de notre devoir de chroniqueur de rappeler ici la fameuse complainte rimée à cette occasion, par un petit journal de l'époque :

Du banquet de Moulins, infortuné convive,
Pourquoi sortir si morfondu ?
T'aurait-on accueilli d'une façon trop vive,
Et sans le respect qui t'est dû ?

Dis-moi, grand citoyen, pourquoi cette panique,
Pourquoi ces accents furieux ?
Pourquoi plisser ainsi ton front démocratique
Et mettre la foudre en tes yeux ?

Aurait-on méconnu de ta mâle éloquence
La logique pleine d'appas ?
Ta sympathique voix fut-elle sans puissance
Sur l'esprit charmé des goujats ?

Réponds, fougueux tribun de l'ex-provisoire,
Dont ta main dirigeait le soc ;
Ne sais-tu plus crier chaudement, après boire :
« Vive la RÉ-DÉMOC-ET-SOC !!! »

Ne te verra-t-on plus traçant de longues listes
Pour tes gueuletons fraternels,
Avec le petit bleu, cher aux socialistes,
Porter des toasts immortels ?

Dû ne nous rassurer! — A la porte d'un bouge,
    Paillasse de tous les tréteaux,
Nous te verrons encore, orné du bonnet rouge,
    Parader devant les badauds.

D'ailleurs (qui ne le sait?) la pauvre République
    Pour rire fait de vains efforts,
Et tu ne voudrais pas, toi, son premier comique,
    La quitter ainsi sans remords.

Reprends donc ton beau zèle et ton bouillant courage,
    Afin que chacun puisse voir
Nos cités, tour à tour égayant ton voyage,
    Comme Moulins te recevoir!

La triste échauffourrée du 13 juin 1849 contraignit maître Ledru à prendre le chemin de l'exil.

On eut dans cette conjoncture une nouvelle preuve de son insigne faiblesse.

Quelques amis, doués d'un brin de raison, lui insinuèrent qu'une semblable tentative, au beau milieu du choléra, et se déguisant surtout sous le voile d'une manifestation pacifique, était vaine et stupide.

Maître Ledru annonça qu'il n'y participerait point.

Dans la nuit, des hommes inconnus, se disant délégués du peuple, vinrent le trouver à son domicile de la rue de Tournon et lui reprochèrent vivement de rester inactif.

Ce fut ce qui décida le malheureux tribun à se rendre, le lendemain, au Conservatoire des Arts-et-Métiers, en compagnie d'une cinquantaine de représentants de la Montagne.

Il eut l'adresse de ne pas se laisser prendre avec ceux-ci, au moment où la troupe s'empara de ce moderne Capitole, où les oies se trouvaient en grand nombre.

Hélas! elles avaient dégénéré de la puissance de salut que l'histoire accorde à leurs aïeules.

Elles ne sauvèrent personne et ne se sauvèrent point elles-mêmes... à l'exception toutefois de maître Ledru, qui s'échappa vivement par un vasistas, en dépit de sa corpulence énorme.

Réfugié à Londres, et craignant l'oubli, notre ex-dictateur essaya de conquérir la gloire de la plume, en publiant un livre qui a pour titre : *De la décadence de l'Angleterre.*

C'est tout bonnement la paraphrase d'une enquête industrielle faite par ordre du gouvernement anglais lui-même, et rendue publique depuis longtemps.

L'œuvre était plus que médiocre ; elle ne trouva point d'acheteurs.

On en donna quelques exemplaires en prime aux abonnés de la *Réforme ;* le reste se vendit au poids.

L'illustre collègue en socialisme de madame George Sand habite tantôt Londres, tantôt les environs.

De temps en temps il applique sa signature au bas de quelque proclamation révolutionnaire, pour qu'on se souvienne de son glorieux passé.

— C'est un certificat de vie démocratique.

A quoi bon, monsieur? La France a récité sur vous et sur les vôtres un irrévocable *De profundis*.

FIN

Cher Monsieur.

Demain samedi ou lundi je m'arrangerai, quelque chose qu'il arrive, pour aller vous serrer la main. Mais, je vous en prie, ne nous attendez pour dîner qu'après l'élection. Après la politique, je serai heureux de consacrer quelques heures à des souvenirs de vieille amitié.

Agréez pour madame mes respectueux hommages et croyez à mes sentiments de bien sincère estime

Ledru-Rollin

Tiré de la Collection de Mr Dentu. Imp. Lith. de V. Janson r. Dauphine 18.

25 e. la livraison — ÉDITION DE BIBLIOTHÈQUE — Chaque vol. : 5 fr.

ŒUVRES COMPLÈTES

DE

VICTOR HUGO

19 VOL. IN-8 PAPIER CAVALIER VÉLIN

ÉDITION DE LUXE

ORNÉE DE 100 GRAVURES SUR ACIER ET SUR BOIS

D'APRÈS

Johannot, Gavarni, Raffet, A. Beaucé, etc.

ET D'UN BEAU PORTRAIT DE L'AUTEUR

Prospectus

L'initiative du mouvement littéraire appartient encore à Victor Hugo.

Celui que Chateaubriand avait baptisé du nom d'enfant sublime reste le poëte le plus incontesté, l'artiste le plus original de notre temps. Lyrique, dramatique, archéologue, orateur, il est toujours lui-même ; son génie ne perd pas dans la variété la force de l'empreinte : c'est toujours la même puissance d'inspiration, la même vigueur de tempérament.

Quoique le succès des *Contemplations* nous interdise d'assigner une limite à son œuvre, le moment semble venu de la présenter dans son ensemble, pour en faire mieux juger et admirer les proportions.

Aussi n'avons-nous rien négligé pour que cette édition répondit à la renommée de l'auteur et à l'empressement du public.

Cette nouvelle édition des œuvres complètes de Victor Hugo comprendra, outre toutes les œuvres contenues dans l'édition Furne de 1841, toutes celles parues en France depuis cette époque et dont le détail est ci-contre. La tomaison par genre d'ouvrages que nous adoptons permettra d'ajouter successivement les nouveaux ouvrages de l'auteur, à mesure qu'ils se produiront.

CONDITIONS DE LA SOUSCRIPTION

L'ouvrage formera 19 volumes in-8° papier cavalier vélin, imprimés en caractères neufs. L'édition sera ornée d'un portrait de l'auteur et de 100 vignettes, gravées sur acier et sur bois d'après GAVARNI, JOHANNOT, RAFFET, BEAUCÉ, etc. Elle sera publiée en 380 livraisons, composées de 16 pages avec gravures ou de 24 à 32 sans gravures.

PRIX DE CHAQUE LIVRAISON : 25 CENT.

Il paraît une ou deux livraisons par semaine.

ON SOUSCRIT AUSSI PAR VOLUMES BROCHÉS AVEC GRAVURES

PRIX DE CHAQUE VOLUME : 5 FR.

Il paraît un volume par mois.

ON SOUSCRIT A PARIS

CHEZ ALEXANDRE HOUSSIAUX, ÉDITEUR

RUE DU JARDINET-SAINT-ANDRÉ-DES-ARTS, 3

GUSTAVE HAVARD, LIBRAIRE, RUE GUÉNÉGAUD, 15

Et chez tous les libraires de Paris et des départements

CONTENU DE L'ÉDITION

POÉSIE

TOME I

Odes et Ballades.

TOME II

Les Orientales.

TOME III

Les Feuilles d'Automne.
Les Chants du Crépuscule.

TOME IV

Les Voix intérieures.
Les Rayons et les Ombres.

TOMES V ET VI

Les Contemplations.

ROMAN

TOME I

Han d'Islande.

TOME II

Bug-Jargal.
Dernier Jour d'un Condamné.
Claude Gueux.

TOMES III ET IV

Notre-Dame de Paris.

DRAME

TOME I

Cromwell.

TOME II

Hernani.
Marion Delorme.
Le Roi s'amuse.

TOME III

Lucrèce Borgia.
Marie Tudor.
Angelo.

TOME IV

Ruy Blas.
Les Burgraves.
La Esméralda.

ŒUVRES DIVERSES

TOME I

Littérature et Philosophie.

TOMES II, III ET IV

Le Rhin.
Lettres à un Ami.

TOME V

Œuvres oratoires 1840-1850.

Le prix de 5 fr. le volume n'est que pour les souscripteurs à cette nouvelle édition. Les *Œuvres oratoires* et les *Contemplations*, formant trois volumes, qui paraîtront dans le cours de la Souscription, et qui sont le complément de l'édition Furne en 16 volumes, — se vendront, les trois volumes ensemble, au prix de 18 fr.

www.ingramcontent.com/pod-product-compliance
Ingram Content Group UK Ltd.
Pitfield, Milton Keynes, MK11 3LW, UK
UKHW020304220726
13923UKWH00003B/1003

9 782019 681043